AF290321

KONZENTRATIONS-FÄHIGKEIT VERBESSERN

Tipps für langanhaltende Konzentration und Aufmerksamkeit

Verfasst von Maïlys Charlier

Übersetzt von Leonie Kremer

KONZENTRATIONS-FÄHIGKEIT VERBESSERN

- **Ziel:** Konzentrationsschwächen erkennen und seine Konzentration kontrollieren lernen, um seine Arbeitsweise zu optimieren
- **Anwendung:** Wenn man seine Aufmerksamkeit auf zu erledigende Aufgaben fokussieren kann, spart man Zeit und gewinnt dadurch an Effizienz.
- **Arbeitskontext:** Gruppenarbeit, persönliche und berufliche Entwicklung, Arbeitsgewohnheiten, Gedächtnisleistung
- **FAQ:**
  - Welche Ursache hat mein Konzentrationsproblem?
  - Wie wirkt sich schlechte Konzentration auf die Arbeit aus?
  - Woher weiß ich, ob ich unter einer neurologischen Störung leide oder nur einfache Konzentrationsprobleme habe?
  - Mit welchen Gewohnheiten kann ich meine Konzentration auf lange Sicht verbessern?

- Kann ich meine Konzentrationsprobleme mit Medikamenten behandeln?
- Kann mir Musik dabei helfen, mich zu konzentrieren?

EINLEITUNG

> Bei der Arbeit fällt es mir schwer, monotone und repetitive Aufgaben zu erledigen, weil ich mich nicht konzentrieren kann. Mir fällt es auch schwer, bei Meetings aufmerksam zu sein, und dann vergesse ich zum Beispiel, Notizen über die Anweisungen meines Vorgesetzten zu machen. Dieses Aufmerksamkeitsdefizit beunruhigt mich. (Albert, Angestellter im Informatik- und Telekommunikationssektor)

Egal ob Sie an einer Aufmerksamkeitsdefizit- oder einer Hyperaktivitätsstörung (ADHS) leiden oder nicht, können Konzentrationsschwierigkeiten eine wahre Belastung in Ihrem Berufsleben darstellen. Heutzutage gibt es so viel Ablenkung wie noch nie zuvor (plötzliche Müdigkeit oder Stress, ein einnehmender Kollege, ein ununterbrochen klingelndes Telefon, die sozialen Netzwerke, Werbung etc.) und so wird es natürlich immer schwieriger, konzentriert zu bleiben. Neben den

Web 2.0-Technologien und der hyperaktiven Lebensweise unserer Gesellschaft, bestehen auch natürliche Ablenkungen, wie Schlafmangel, schlechte Ernährung, Sauerstoffmangel, Lärm etc. Aus diesem Grund ist es unerlässlich, seine Gedanken bei der Arbeit kontrollieren zu können, um produktiv zu sein und nicht unnötig Energie zu verschwenden.

Was ist eigentlich Konzentration? Warum haben wir manchmal Schwierigkeiten, uns zu konzentrieren? Und vor allem, wie kann man sich im Alltag nicht mehr ablenken lassen? Tatsächlich ist Konzentration wie ein Muskel, den man durch verschiedene Aufgaben trainieren kann. In 50 Minuten lernen Sie in diesem Buch die Geheimnisse der Aufmerksamkeit kennen und erhalten Aufgaben, mit denen Sie an Ihren Schwächen arbeiten und so an Konzentrationsfähigkeit dazu gewinnen können.

KONZENTRATIONS-FÄHIGKEIT: DIE GRUNDLAGEN

WIE FUNKTIONIERT KONZENTRATION?

Seine Aufmerksamkeit mobilisieren, um sich zu konzentrieren

Die Begriffe „Aufmerksamkeit" und „Konzentration" werden oft synonym verwendet. Auch wenn diese beiden Konzepte eng miteinander verbunden sind, definieren sie doch zwei sehr verschiedene Prozesse. Begründer der Psychologie in den USA, William James (amerikanischer Psychologe, 1842-1910) erklärt in seinem Werk *The Principles of Psychology* (1890), dass Aufmerksamkeit die klare und lebhafte Inbesitznahme eins Objekts oder einer Folge von Gedanken durch den Geist ist, wobei er aus mehreren ausgewählt hat. Aufmerksamkeit ermöglicht es, eine Sache hinten an zu stellen, um sich mit anderen effizienter beschäftigen zu können. In *Embracing*

Your Potential beschreibt Terry Orlick, Professor an der University of Ottowa, die Konzentration als die Fokussierung von Aufmerksamkeit auf einen bestimmten Aspekt, die auch dort gehalten wird. Die beiden Prozesse ergänzen sich folglich: Der Prozess der Aufmerksamkeit öffnet den Geist und kontrolliert die Informationsaufnahme und der Konzentrationsprozess verschließt ihn gegen jegliche Ablenkung. Wenn Sie nicht voll und ganz konzentriert sind, richtet Ihr Geist seine Aufmerksamkeit auf mehrere andere Elemente.

Dem Wissenschaftler Robert Nideffer zufolge umfasst Aufmerksamkeit zwei Dimensionen, die bei jedem Menschen eine unterschiedliche Aufmerksamkeitsfähigkeit bestimmen, die sogenannte „Form der Aufmerksamkeit", die es herauszufinden gilt:

- Umfang (je größer der Fokus, desto aufmerksamer sind Sie für eine große Anzahl an Informationen)
- Richtung (wenn der Fokus nach innen gerichtet ist, ist der Geist innenzentriert; wenn der Fokus nach außen gerichtet ist, ist er aufnahmefähiger für Signale aus der Umwelt)

Außerdem setzt sich das Aufmerksamkeitssystem aus vier Komponenten zusammen, die je nach Person in verschiedenen Graden ausgenutzt werden:

- **ungerichtete Aufmerksamkeit**: Wenn ein Mensch in Alarmbereitschaft ist, wird seine Aufmerksamkeit auf intensive Weise auf eine bestimmte Aufgabe oder ein Signal gelenkt.
- **selektive Aufmerksamkeit**: Der Mensch wählt ein Element aus und fokussiert seine gesamte Aufmerksamkeit nur darauf, um es sorgfältig zu analysieren.
- **geteilte Aufmerksamkeit**: Der Mensch verarbeitet zwei oder mehrere Informationen gleichzeitig.
- **längerfristige Aufmerksamkeit**: In Situationen, wo der Informationsfluss sehr schnell ist, konzentriert sich der Mensch für mindestens 15 Minuten.

Manche Personen haben Schwierigkeiten damit, sich auf mehrere Aufgaben gleichzeitig zu konzentrieren, während andere es nicht schaffen, sich nur auf eine einzige zu fokussieren. Der Neuropsychologin Cécile Galand aus dem belgischen Therapiezentrum Amimo zufolge sind

Menschen, deren geteilte Aufmerksamkeit stark entwickelt ist, fähig, sich auf zwei Aufgaben gleichzeitig zu konzentrieren, sofern die Durchführung bereits zur Routine geworden ist und nicht mehr alle Ressourcen und bewusste Aufmerksamkeit beansprucht.

Seine Aufmerksamkeit zu beherrschen ist eine unabdingbare Voraussetzung für den Konzentrationsprozess. Denn sobald man sich auf eine präzise Aufgabe konzentriert, muss sich das Gehirn dazu entscheiden, seine Aufmerksamkeit auf eine einzige Aktivität zu lenken und jede Ablenkung ausblenden. Sich zu konzentrieren ist demnach ein doppelter Prozess.

ZUSATZINFORMATION: DIE VERBINDUNG ZWISCHEN AUFMERKSAMKEIT UND GEDÄCHTNIS

Aufmerksamkeit und Gedächtnis sind eng miteinander verbunden. Die Aufmerksamkeitsprozesse intervenieren mit dem sensorischen und dem Kurzzeitgedächtnis, das heißt erst die Aufmerksamkeit ermöglicht das Speichern von Informationen. Daraus folgt, dass man sich ein Thema besser merken kann, wenn man ihm besonders viel Aufmerksamkeit schenkt.

Ablenkungsfaktoren

In der heutigen hyperaktiven Gesellschaft, die von Technologien und einer „Zapping"-Kultur geprägt wird, ist das Gehirn daran gewöhnt, schnell zwischen Aktivitäten zu wechseln. Werbung, Bildschirme, Fernseher, Smartphones, Computer etc.: Die Menge an Bildern und Informationen sammelt sich vor unseren Augen, ohne dass der Geist Zeit dazu hat, sich davon zu erholen. Wegen dieser Überstimulierung kann es manchmal schwierig sein, mit dem Rhythmus der eingehenden Informationen mitzuhalten, was zu Konzentrationsproblemen führen kann. Neben Technologien spielen auch zahlreiche weitere Faktoren eine Rolle: Langeweile, Unterbrechung durch einen Kollegen, Lärm im Büro, Hunger etc. Außerdem beeinflussen starke Emotionen wie Wut, Liebe oder Kummer ebenfalls die Konzentrationsfähigkeit.

> Die Web 2.0-Technologie ist so neu und entwickelt sich so rasant weiter, dass es noch keine Langzeitstudien auf diesem Gebiet gibt. Deshalb ist es aktuell unmöglich einzuschätzen, ob diese Technologie einen permanenten Einfluss auf unser Gehirn und unsere Konzentrationsfähigkeit hat.[1] (Cécile Galand, Neuropsychologin)

Aufmerksamkeitsdefizit-/ Hyperaktivitätsstörung

Jeder kann mal zeitweise unkonzentriert sein. Eine Person, die aber unter einer Aufmerksamkeitsdefizit-/ Hyperaktivitätsstörung (ADHS) leidet, hat durchgängig Konzentrationsprobleme, die sich negativ auf ihre Lebensqualität auswirken.

ADHS hat einen neurologischen Ursprung und wird als chronische Krankheit definiert, die die Fähigkeit betrifft, Aufmerksamkeit, Impulsivität und Hyperaktivität zu kontrollieren (vgl. Walker: „Les signes et symptômes du TDAH chez l'adulte"). Das Aufmerksamkeitssystem einer Person, die darunter leidet, ist defekt.

---

1. Übersetzt für 50Minuten.de

Das bedeutet, dass bei ihr Vermögen für ungerichtete, selektive, geteilte und längerfristige Aufmerksamkeit nicht richtig funktionieren.

Ein mit ADHS diagnostizierter Erwachsener kann motorische Hyperaktivität (in diesem Fall hat er Schwierigkeiten, still zu sitzen) oder kognitive Hyperaktivität aufweisen. In letzterem Fall fällt es ihm schwer, sich auf einen Gedanken allein zu, weswegen er pausenlos von einer Idee zur anderen springt. Diese Hyperaktivität kann zu einem wahren Handicap werden, da der Betroffene enorm viel Anstrengung aufbringen muss, um sich nicht ablenken zu lassen, wobei auch dies den Erfolg nicht garantiert. Wenn Ihre Aufmerksamkeitsprobleme wiederkehrend sind, ist es deshalb sehr ratsam, Tests bei einem Psychologen zu machen und je nach Diagnose weiter vorzugehen.

Eine Person, die an einer ausgeprägten Aufmerksamkeitsstörung leidet, ist aber auch zum Gegenteil – dem Hyperfokus – fähig, wenn sie eine Aufgabe ausführt, die ihr Interesse stimuliert. Allerdings hat diese zunächst positiv klingende Fähigkeit auch ihre Nachteile, da der extreme Fokus auf eine spezifische Idee zu endlosen Grübeleien führen kann. Dieser Zwang wird dann schädlich, da er die Person davon abhält, zu 100 % an ihrer eigentlichen Aufgabe zu arbeiten.

GRUNDREGELN ZUR VERBESSERUNG DER KONZENTRATIONSFÄHIGKEIT

Ausgeglichener Lebensstil

Beginnen Sie damit, eine gesunde Lebensweise anzunehmen: Schlafen Sie mindestens sieben Stunden in der Nacht, achten Sie auf eine abwechslungsreiche Ernährung, trinken Sie täglich eineinhalb Liter Wasser und machen Sie in der Woche mindestens für zwei Stunden Sport (Spazieren, Fahrradfahren, Joggen etc.). Wenn Ihnen der Sport nicht ausreicht, oder sie überhaupt nicht sportlich sind, dann probieren Sie sanftere Praktiken wie Yoga, Pilates, Tai-Chi oder Meditation, mit denen Sie sich mehr „Zen" fühlen werden und Ihre Selbstkontrolle verbessern können. Wenn Sie merken, dass Sie immer wieder mit den Gedanken abschweifen, arbeiten Sie an Ihrer Atmung: So können Sie Ihren Kopf leichter leeren und sich dann wieder besser konzentrieren.

ZUSATZINFORMATION: ZU VERMEIDENDE GETRÄNKE

Einerseits hat Kaffee einen stimulierenden Effekt, andererseits fördert er Angst und Unruhe. Wenn man Koffein exzessiv konsumiert, schadet er der Konzentrationsfähigkeit. Aus dem gleichen Grund sollten Sie nicht so viel schwarzen Tee trinken, weil er auch Koffein enthält. Alkoholkonsum erschwert Konzentration generell, also verzichten Sie am Vorabend von großen Meetings besser auf feuchtfröhliche Partys.

Gesunde Ernährung

Ihre Ernährung spielt eine essentielle Rolle in Bezug auf Ihre Konzentrationsfähigkeit. Zahlreiche Nährstoffe beeinflussen Ihre Gehirnfunktionen, darunter:

- **Omega-3-Fettsäuren**, die das Gedächtnis anregen und die Durchblutung fördern. Man findet sie vor allem in Fisch, Rapsöl, Dorschleber oder Schalenfrüchte.
- **Taurin und Magnesium** sind Energielieferanten und stimulieren Ihren Körper bei starker Müdigkeit. Konsumieren Sie Meeresfrüchte, wie beispielsweise Jakobsmuscheln, sowie Fleisch für Taurin. Grünes Gemüse, Vollkornprodukte, Honig, Bitterschokolade und Mineralwasser enthalten viel Magnesium.
- **Vitamin B** trägt zum Funktionieren des Nervensystems bei und fördert die Durchblutung – vor allem des Gehirns. Vitamin-B-Lieferanten sind Hülsenfrüchte, Vollkornprodukte oder auch grünes Blattgemüse (Spinat, Spargel, Brokkoli, Salat etc.).
- **Bestimmte Pflanzen**, wie Ginkgo, Kurkuma und Ginseng, verbessern ebenfalls die Gedächtnis- und Konzentrationsfähigkeit.

Angepasstes Arbeitsumfeld

Wenn Sie an Konzentrationsproblemen leiden, kann schon das kleinste Detail Ihre Aufmerksamkeit stören. Deshalb ist es ungünstig, wenn Ihr Arbeitsplatz (mit Blättern, Notizen, Stiften und anderem Material) zugestellt ist, denn Ihr Blick wird automatisch von all diesen Ablenkungen angezogen. Denken Sie daran, Ihren Schreibtisch vor jeder Aufgabe, die viel Konzentration erfordert, aufzuräumen und entfernen Sie alles, was Ihre Aufmerksamkeit potenziell gefährden kann. Schalten Sie Ihren Computer aus, wenn Sie ihn nicht benutzen, schließen Sie Ihre Tür, um anzuzeigen, dass Sie gerade nicht zu sprechen sind etc.

Ihr Arbeitsplatz reflektiert Ihren Geist, also bemühen Sie sich darum, ein ruhiges Umfeld zu schaffen, das Konzentration begünstigt.

TIPP: KAFFEEPAUSEN

Die Zeitspanne, in der man sich konzentrieren kann, variiert von Mensch zu Mensch. Nach einer gewissen Zeit schwenken Ihre Gedanken ab, Ihr Gehirn ermüdet, Ihre

Konzentration nimmt ab und Sie werden leichter abgelenkt. Es bringt nichts, sich in einem solchen Moment festzubeißen, denn wenn Sie Ihre Konzentration erstmal verloren haben, finden Sie sie nicht so leicht wieder. Aus diesem Grund ist es wichtig, sich Pausen zu genehmigen, um sich danach frisch an die Arbeit zu machen. Machen Sie sich einen Kaffee (aber trinken Sie nicht zu viel davon) oder einen Tee, sprechen Sie mit Kollegen, vertreten Sie sich die Beine etc. Sie sind weder eine Maschine noch Superman oder Superwoman. Erlauben Sie sich ein paar Minuten Ablenkung, um Ihr Gehirn auszuruhen.

Vorzüge von Musik

Musik kann Ihnen dabei helfen, Ihre Konzentrationsfähigkeit zu verbessern, da sie störende Elemente ausblendet. Wählen Sie Ihre Musikrichtung sorgfältig, denn sie wird Ihren emotionalen Zustand beeinflussen. Mit klassischer oder langsamer Musik wird es Ihnen leichter fallen, sich zu konzentrieren. Vermeiden Sie rhythmische Lieder oder solche, deren Text

Sie auswendig kennen, denn Ihr Geist wird sich auf das fokussieren, was er hört, anstatt auf das, was er machen soll. Viele Studien haben bewiesen, dass das Hören von klassischer Musik die Konzentration, das Gedächtnis und die räumliche Wahrnehmung verbessert.

Außerdem kann Ihnen Musik dabei helfen, nach einer Ablenkung die Konzentration wiederzufinden, indem Sie versuchen, die Instrumente voneinander zu unterscheiden. Richten Sie Ihre Aufmerksamkeit auf die Gitarre, dann auf das Schlagzeug und dann auf den Bass. Diese Übung hilft Ihnen dabei, Ihre Aufmerksamkeit auf bestimmte Aufgaben bei der Arbeit zu fokussieren. Am besten hören Sie Ihre Musik mit Kopfhörern, um sich abzuschotten. Leiden Sie jedoch unter Schwierigkeiten mit geteilter Aufmerksamkeit (das heißt, Sie können sich nicht auf mehrere Sachen gleichzeitig konzentrieren), dann ist Musik Cécile Galand zufolge keinesfalls hilfreich, sondern wird Sie im Gegenteil noch mehr ablenken.

Auch wenn es wichtig ist, sich mit seinen Kollegen zu verstehen, ist es manchmal schwierig sich zu konzentrieren, wenn sie zu einnehmend werden. Wie geht man mit zeitraubenden Mitarbeitern um? Lernen Sie, Stopp zu sagen. Es ist nicht unhöflich, wenn Sie Ihrem Kollegen zu verstehen geben, dass Sie eine wichtige Aufgabe fertigstellen müssen und Sie keine Zeit zum Reden haben. Seien Sie diplomatisch und erklären Sie ihm ruhig, dass Sie sich konzentrieren müssen.

TOP TIPPS

- **Optimieren Sie Ihren Arbeitsplatz**. Räumen Sie Ihren Schreibtisch und Ihren Desktop auf. Wenn Sie eine Aufgabe abschließen müssen, räumen Sie alle Gegenstände aus Ihrem Blickfeld, die Sie ablenken könnten, und konzentrieren Sie sich dann auf Ihre Arbeit.
- **Teilen Sie sich Ihre Arbeit auf**. Wenn Ihnen ein Auftrag zu umfangreich vorkommt, um ihn zu bewerkstelligen, teilen Sie ihn in mehrere Aufgaben ein. So fühlen Sie sich nicht überfordert und können effizienter arbeiten. Denken Sie außerdem daran, eine Aufgabe erst abzuschließen, bevor Sie mit einer neuen anfangen, denn wenn Sie sich in mehrere Aufgaben gleichzeitig stürzen, beenden Sie wahrscheinlich keine davon. Zudem können Sie mehr leisten, wenn Sie sich zwei Stunden auf eine Sache konzentrieren, als dreißig Minuten auf vier verschiedene.

- **Machen Sie eine Pause**, sobald Sie merken, dass Ihre Konzentration nachlässt. Ihre Aufmerksamkeit zwischendurch zu lösen, ermöglicht Ihnen, sich danach besser zu konzentrieren. Bei Aufgaben, die besonders viel Konzentration erfordern, sollten Sie regelmäßige Pausen machen, sodass Sie nicht zu schnell ermüden.
- **Schreiben Sie auf, was Sie ablenkt**. Egal ob persönliche Sorgen oder äußere Faktoren, wenn Sie einmal zu Papier gebracht sind, muss sich Ihr Geist nicht mehr damit beschäftigen.

- **Konsultieren und beantworten Sie Ihre E-Mails zu festgelegten Zeiten**, damit Sie nicht ständig von Nachrichten abgelenkt werden. Einer Studie des ORSE (Observatoire sur la Responsabilité Sociétale des Entreprises) zufolge, braucht man durchschnittlich 64 Sekunden, um sich nach einer Unterbrechung durch eine E-Mail wieder zu konzentrieren.
- **Organisieren Sie Ihre Arbeitszeit**. Planen Sie schwierige Aufgaben und intensive Tätigkeiten für morgens zwischen 10 und 12 Uhr ein oder für nachmittags gegen 15 Uhr (nach der Verdauung), denn diese Zeiten sind für die Konzentration am besten.
- **Widerstehen Sie der Verlockung des Computers**. In einigen Berufen braucht man das Internet. Manchmal wird es dann schwierig, angesichts der vielen Ablenkungen, die dieses bietet, konzentriert zu bleiben: soziale Netzwerke, E-Commerce, Video-Streaming etc. Um störende Elemente so weit wie möglich zu limitieren, behalten Sie nur die Tabs offen, die Sie für die Arbeit brauchen, schließen Sie Ihren Browser, wenn Sie ihn nicht benötigen und melden Sie sich von Ihrem persönlichen

E-Mail Konto und eventuellen Konten in sozialen Netzwerken (Facebook, Twitter etc.) ab. Wenn Sie für Ihre Aufgabe etwas in den sozialen Netzwerken machen müssen, deaktivieren Sie die Benachrichtigungen, damit Sie nicht davon gestört werden. Auf Ihrer Ihrem Desktop sollten Sie Programme, die Sie nicht brauchen, sofort wieder schließen, denn je weniger Fenster Sie geöffnet haben, desto leichter können Sie sich konzentrieren.

ZUSATZINFORMATION: SMARTPHONES

Selbst im Standby-Modus können Smartphones ablenken. Es muss nur eine Nachricht oder Benachrichtigung auf dem Bildschirm auftauchen, damit Ihr Blick angezogen wird und Sie Ihre Konzentration verlieren. Stellen Sie Ihr Telefon auf lautlos und falls Vibration oder Lichter immer noch Ihre Aufmerksamkeit auf sich ziehen, schalten Sie es entweder aus oder stecken Sie es in Ihre Tasche. Je mehr Ihre Aufmerksamkeit abgewendet ist, desto schwerer wird es Ihnen fallen sich wieder der Arbeit widmen.

- **Machen Sie Sport**. Körperliche Ertüchtigung hilft Ihnen, schlechte Energie loszuwerden und sich physisch auszupowern, um sich dann wieder Ihrer intellektuellen Arbeit zu widmen. Ein Gleichgewicht zwischen Gehirn und Körper steigert das Wohlbefinden. Durch Sport kann man zudem besser schlafen und Schlaf ist ein Schlüssel zu optimaler Konzentration.

> Ich mache zweimal die Woche Sport: Karate und Tischtennis. So kann ich meine Gefühle besser beherrschen und an meiner Konzentrationsfähigkeit arbeiten, weil ich meine Aufmerksamkeit beim Karate auf meine Bewegungen und beim Tischtennis auf den Ball fokussieren muss. (Fortsetzung von Albert)

TIPP: ATMUNG

Wenn Sie merken, dass Ihre Konzentration abnimmt, fokussieren Sie sich auf Ihre Atmung. Nehmen Sie einen großen Atemzug und atmen Sie dann die ganze Luft wieder aus. Sie können bei der Arbeit oder Zuhause verschiedene Atemübungen machen, um sich zu entspannen und zu konzentrieren: zum Beispiel bewusste Atmung (die darin besteht, ohne Pause konstant ein- und auszuatmen), Bauchatmung oder Atmung in Übereinstimmung mit dem Herzschlag (im Rhythmus von sechs Einatmungen/Ausatmungen pro Minute).

- **Vermeiden Sie Routine**. Der größte Feind von Konzentration ist Langeweile. Um Abhilfe zu schaffen, sollten Sie Ihre Aufgaben variieren und so Alltagstrott vermeiden. Motivation spielt eine bedeutende Rolle für Aufmerksamkeit und Konzentration, weil sie es erleichtert, mit einer Aufgabe zu beginnen, und Ablenkungen entgegenwirkt. Andersherum führt Desinteresse zu einer ablehnenden Einstellung, weswegen die zu erledigende Aufgabe meist nur oberflächlich bearbeitet wird. Wenn Sie Schwierigkeiten damit haben, sich zu motivieren, probieren Sie es mit Belohnungen nach jeder erfüllten Aufgabe.
- **Setzen Sie sich präzise Ziele**. Machen Sie eine Liste mit den zu erledigenden Aufgaben und notieren Sie jeweils auch die Bearbeitungszeiten, sowie den benötigten Grad an Konzentration. Indem Sie sich Ziele setzen, erkennt Ihr Gehirn, wo es langgeht und Sie werden eher in der Lage

sein, Ihre Aufmerksamkeit auf eine bestimmte Sache zu fokussieren.

- **Benutzen Sie unterschiedliche Hilfsmittel**. Den ganzen Tag an einem Computerbildschirm zu arbeiten, kann schnell ermüdend werden. Wenn Sie merken, dass sich Ihr Gehirn überanstrengt, schreiben Sie mit der Hand weiter, um so Ihre Augen und Ihren Geist auszuruhen. Das Medium zu wechseln, unterbricht die Monotonie Ihrer Aufgabe und Sie können sich weiterhin auf ein Thema fokussieren.

FAQ

WELCHE URSACHE HAT MEIN KONZENTRATIONSPROBLEM?

Ihre Unkonzentriertheit kann mehrere Ursachen haben. Auch wenn größtenteils die hyperaktive Gesellschaft und die Technologien, die sich immer schneller weiterentwickeln, dafür verantwortlich sind, kommen dennoch weitere Faktoren hinzu, wie ungesunde Ernährung, ein schlechter Lebensstil, Schlafmangel, Stress, schlechte Atmung, ein unangepasstes Arbeitsumfeld und auch persönliche Probleme. Um Ihre Aufmerksamkeitsdefizite zu lindern, können Sie anfangs alles auf ein Blatt Papier schreiben, was Sie ablenkt.

Manchmal sind die Ursachen aber viel komplexer: Depressionen, Burn-out, generalisierte Angststörung, Stimmungs- und Verhaltensstörungen, Dauerstress, Schilddrüsenüberfunktion, gestörtes Sozialverhalten, Sucht (Alkohol, Drogen) etc. Psychische Störungen, wie beispielsweise bipolare oder Zwangsstörungen, können ADHS-ähnliche Symptome auslösen. Aus diesem Grund ist es wichtig, einen Spezialisten aufzusuchen, sobald mehrere Aufmerksamkeitsdefizitsymptome auftauchen.

WIE WIRKT SICH SCHLECHTE KONZENTRATION AUF DIE ARBEIT AUS?

Mangelnde Aufmerksamkeit oder Konzentration in Ihrem Arbeitsleben kann Ihnen schaden. In erster Linie betrifft dies Ihre Arbeit und Produktivität: Sie können Ihre Aufgaben nicht innerhalb der festgelegten Fristen fertigstellen oder Sie brauchen doppelt so lange wie vorgesehen, was Sie und Ihre Kollegen zeitlich zurückwirft. So eine Situation kann ein schlechtes Arbeitsklima und Konflikte mit Ihren Kollegen und Vorgesetzten nach sich ziehen. Außerdem können Konzentrationsprobleme auch ein geringes Selbstwertgefühl, niedriges Selbstvertrauen, Stress und im schlimmsten Falle Burn-out zur Folge haben. Nehmen Sie dieses Problem also nicht auf die leichte Schulter, denn es kann sich auf Ihr allgemeines Wohlergehen auswirken.

WOHER WEISS ICH, OB ICH UNTER EINER NEUROLOGISCHEN STÖRUNG LEIDE ODER NUR EINFACHE KONZENTRATIONSPROBLEME HABE?

Wenn Sie nach einer stressigen, anstrengenden Zeit oder familiären Problemen häufig unter Konzentrationsverlust leiden, sollten Sie herausfinden, ob das Problem temporär ist oder von einer schwerwiegenderen Störung herrührt. Es gibt mehrere Vorzeichen von ADHS und mit unterschiedlichen offiziellen Tests kann eine erste Diagnose gestellt werden, die dann von einem Experten überprüft wird. Der folgende Selbsttest kann Ihnen als Ausgangspunkt dienen, um herauszufinden, ob Sie Symptome von Aufmerksamkeitsproblemen haben. Er dient jedoch nicht als Ersatz für eine ärztliche Diagnose.

ASRS Test

In den letzten sechs Monaten:	niemals: 0	selten: 1	manchmal: 2	häufig: 3	sehr häufig: 4
Haben Sie Schwierigkeiten, sich zu organisieren, wenn eine Aufgabe eine bestimmte Methodik erfordert?					
Neigen Sie dazu, wenn eine Aufgabe Aufmerksamkeit verlangt, Sie zu vermeiden oder aufzuschieben?					
Werden Sie leicht von Geräuschen oder Aktivitäten um Sie herum abgelenkt?					
Kommt es vor, dass Sie bei Meetings oder in anderen Situationen von Ihrem Platz aufstehen, obwohl Sie eigentlich sitzen bleiben sollten?					

In den letzten sechs Monaten:	niemals: 0	selten: 1	manchmal: 2	häufig: 3	sehr häufig: 4
Fühlen Sie sich häufig nervös, unruhig, ungeduldig? Haben Sie den Eindruck, nicht still sitzen zu können?					
Fällt es Ihnen schwer, darauf zu warten, dass Sie an der Reihe sind, zum Beispiel in einer Warteschlange?					

Wenn Sie 11 Punkte oder mehr erreicht haben, sind Ihre Symptome mit einer Hyperaktivitätsstörung oder einem Aufmerksamkeitsdefizit vergleichbar. Konsultieren Sie einen Arzt für eine tiefergehende Untersuchung.

> Ich wurde in meiner Jugend mit ADHS diagnostiziert. Ich kann nie für lange Zeit auf meinem Platz sitzen bleiben. Ich verliere viel Zeit beim Arbeiten, weil ich, anstatt eine Aufgabe an einem Tag zu erledigen, sie auf mehrere Tage verteilen muss. (Anton, Redakteur)

Haben Sie Schwierigkeiten, sich zu organisieren? Verschieben Sie immer alles auf morgen? Arbeiten Sie systematisch an mehreren Aufgaben gleichzeitig? Werden Sie leicht von Ihrem Umfeld abgelenkt (eine Unterhaltung im angrenzenden Büro, Musik, ein Lied im Radio etc.)? Langweilen Sie sich oft bei der Arbeit, obwohl Sie eine lange Liste mit zu erledigenden Aufgaben haben? Sind Sie ungeduldig? Wenn Sie auch nur den geringsten Zweifel haben, an ADHS zu leiden, sollten Sie einen Arzt konsultieren.

MIT WELCHEN GEWOHNHEITEN KANN ICH MEINE KONZENTRATION AUF LANGE SICHT VERBESSERN?

Sobald Sie die ersten Anzeichen eines Aufmerksamkeitsdefizits bemerken, egal ob vorübergehend oder permanent, sollten Sie damit beginnen, Ihren Lebensstil anzupassen und eine Basis für Konzentration zu schaffen: Essen Sie gesund und ausgewogen, schlafen Sie genug, trinken Sie ausreichend Wasser und arbeiten Sie an Ihrer Atmung. Führen Sie sich vor Augen, dass Sie bei der Arbeit nichts schaffen, wenn Sie am Vortag eine Mahlzeit durch Chips ersetzen und bis in die Nacht Serien gucken, denn Ihr Gehirn braucht richtigen Kraftstoff und Erholung, um leistungsfähig zu sein. Dann sollten Sie Ihren Arbeitsplatz aufräumen, bis auf die Hilfsmittel, die Sie für die Bearbeitung Ihrer Aufgabe benötigen. Ihr Arbeitsplatz reflektiert Ihren Geist: Je geordneter er ist, desto weniger werden Sie von störenden Gedanken abgelenkt. Zudem können Ihnen täglich durchgeführte körperliche Übungen helfen, Ihre Aufmerksamkeitsfähigkeit zu kontrollieren und progressiv zu verbessern. Sie finden sie im Kapitel Jetzt sind Sie gefragt!.

TIPP: ZAHLEN, UM DEN TAG ZU BEGINNEN

Gehen Sie vor der Arbeit im Kopf Multiplikationstabellen durch. Diese Methode weckt Ihre Konzentration und bereitet Ihr Gehirn auf den Rest des Tages vor. Auch mit Sudokus kann die Aufmerksamkeit gesteigert werden, da dieses japanische Zahlenspiel die Planungsfähigkeit steigert.

KANN ICH MEINE KONZENTRATIONSPROBLEME MIT MEDIKAMENTEN BEHANDELN?

Wenn Sie wirklich unter einer neurologischen Störung leiden, bestimmen Sie mit Ihrem Arzt oder Ihrem Psychiater eine medikamentöse Behandlung. Wenn Ihr Aufmerksamkeitsdefizit jedoch durch Angst, ein Burn-out, Depressionen oder einen ähnlichen Faktor ausgelöst wird, brauchen Sie nicht unbedingt Medikamente – konsultieren Sie also einen Arzt und entscheiden Sie gemeinsam, was Ihnen am besten hilft. Darüber hinaus können natürliche Nahrungsergänzungsmittel mit Omega-3-Fettsäuren, Pflanzenextrakten wie Gingko oder Kurkuma helfen. Trotzdem sollten Sie niemals Ergänzungsmittel ohne Rücksprache mit dem Arzt nehmen, da sie Nebenwirkungen auslösen oder in einigen Fällen sogar kontraproduktiv wirken können. Befragen Sie einen Experten, dieser wird Ihnen zu einem Ergänzungsmittel raten können, das am besten für Sie passt.

KANN MIR MUSIK DABEI HELFEN, MICH ZU KONZENTRIEREN?

Musik wirkt sich auf jeden anders aus: Sie kann dabei helfen, sich zu konzentrieren, oder im Gegenteil, zum Aufmerksamkeitsverlust beitragen. Einige Personen finden es schwierig, ihre Arbeit mit Hintergrundmusik zu erledigen, während andere dadurch produktiver sind. Je nach Genre kann Musik Kreativität fördern, Stress mildern und kognitive Fähigkeiten (Aufmerksamkeit und Gedächtnis) verbessern. Sie kann dabei helfen, sich bei der Arbeit abzuschotten und sich von störenden Nebengeräuschen abzukapseln. Achtung bei der Musikauswahl: Bekannte Lieder wenden Ihre Aufmerksamkeit ab und schnelle Stücke können Stress steigern, weswegen ruhige Lieder am vorteilhaftesten sind.

JETZT SIND SIE GEFRAGT!

SPIELE FÜR SELEKTIVE VISUELLE AUFMERKSAMKEIT

Leichte Aufgaben, die Sie im Zug, zuhause, vor dem Schlafengehen oder während den Mahlzeiten machen können, helfen, Ihre selektive visuelle Aufmerksamkeit zu verbessern, das heißt, Ihre Aufmerksamkeit auf ein einziges Thema oder eine einzige Tätigkeit zu konzentrieren. Buchstabensalatspiele oder Kreuzworträtsel, zum Beispiel, trainieren Ihren Geist darin, Wörter in einem Durcheinander von anderen Buchstaben zu erkennen. Das gleiche Prinzip gilt bei dem berühmten *Wo ist Charlie?*. Andere Spiele, wie Wimmelbilder, können ebenfalls Ihre selektive visuelle Aufmerksamkeit verbessern. Versuchen Sie die Schwierigkeit nach und nach zu steigern.

Ablenkungsliste

Bei diesem Spiel müssen Sie sich selbst kontrollieren und sich nicht von externen Signalen ablenken lassen. Jedes Mal, wenn Sie bei der Arbeit – oder Zuhause, wenn Sie im Homeoffice arbeiten – die Konzentration verlieren, machen Sie auf einem Blatt mit dem aktuellen Datum einen Strich. Zählen Sie am Ende jedes Tages die Striche. Fordern Sie sich selbst täglich heraus und Sie werden sehen, wie die Striche weniger werden.

KREISLAUF DER POSITIVEN GEFÜHLE

Genau wie die Ablenkungsliste besteht der Kreislauf der positiven Gefühle darin, Ihr Gehirn jedes Mal zu loben, wenn Sie eine Verbesserung in Ihrer Konzentration merken. Das Ziel besteht darin, leicht anzufangen und sich nur für kurze Zeitspannen zu konzentrieren, ein paar Minuten zum Beispiel. Wenn Sie das geschafft haben, belohnen Sie sich. Werfen Sie einen Blick auf Ihre E-Mails, machen Sie eine kleine Pause, surfen Sie auf Ihrem Facebook-Profil etc. Führen Sie das Gleiche jeden Tag durch und verlängern Sie dabei die Zeitspanne.

ARBEITEN SIE AN IHRER GETEILTEN AUFMERKSAMKEIT

Um zu lernen, sich auf mehrere Aufgaben gleichzeitig zu konzentrieren – eine Kompetenz, die in der Arbeitswelt sehr wertgeschätzt wird –, müssen Sie üben. Lösen Sie zum Beispiel beim Radiohören ein Kreuzworträtsel. Suchen Sie dafür einen Sender aus, wo viel gesprochen wird, anstatt eine musikalische Sendung. So lernen Sie, sich in einem ablenkenden Arbeitsumfeld besser zu konzentrieren oder eine automatisierte Aufgabe simultan mit einer komplexeren zu erledigen.

Ihre Meinung ist uns wichtig!
Hinterlassen Sie doch einen Kommentar auf der
Seite unserer Online-Buchhandlung
und teilen Sie Ihre Favoriten in den sozialen
Netzwerken!

DARÜBER HINAUS

LITERATURVERZEICHNIS

- *Psychomedia* : „8 troubles à ne pas confondre avec le TDAH". (Auf Französisch). http://www.psychomedia.qc.ca/deficit-attention-hyperactivite/2014-09-28/diagnostic-differentiel-dsm-5 (14.02.2019).

- Canevet, Frédéric: „9 astuces pour améliorer sa concentration". In: *ConseilsMarketing*. (Auf Französisch). https://www.conseilsmarketing.com/techniques-de-ventes/9-astuces-pour-ameliorer-sa-concentration (14.02.2019).

- Hallowell, Edward M.; Ratey, John J.: „50 trucs de gestion du déficit de l'attention" (05.12.2005). In: *Hypers supers TDAH France*. (Auf Französisch). https://www.tdah-france.fr/50-trucs-de-gestion-du-deficit-d-attention-de-l-adulte (14.02.2019).

- James, William: *The Principles of Psychology*. Dover Publications: New York 1890.

- Laufer, Danièle: „Comment booster sa concentration?". In: *Magazine Avantages*. (Auf Französisch). https://www.magazine-avantages.fr/,comment-booster-sa-concentration,2300098,228.asp (14.02.2019).

- Leboucher, Séverine: „Améliorer sa concentration" (08.09.2008). In: *Journaldunet*. (Auf Französisch). http://www.journaldunet.com/management/efficacite-personnelle/1016729-ameliorer-sa-concentration/ (14.02.2019).

- Nideffer, Robert M.: „Test of Attentional and Interpersonal Style" (1976). In: *Journal of Personality and Social Psychology*. Nr. 34.

- Orlick, Terry: *Embracing Your Potential*. Human Kinetics: Ottawa 1998.

- Pigani, Erik: „Musique: la fréquence bien-être" (09.04.2015). In: *Psychologies*. (Auf Französisch). https://www.psychologies.com/Culture/Savoirs/Musique/Articles-et-dossiers/Musique-la-frequence-bien-etre (14.02.2019).

- Roland, Olivier: „L'esprit zen: comment augmenter sa concentration. In: *Habitudes Zen*. (Auf Französisch). https://habitudes-zen.net/2013/lesprit-zen-comment-augmenter-sa-concentration/ (14.02.2019).

- Sève, Marie-Madeleine: „Neuf exercises pour améliorer sa concentration au travail" (25.04.2014). In: *L'Express*. https://lentreprise.lexpress.fr/rh-management/efficacite-personnelle/neuf-exercices-pour-ameliorer-sa-concentration-au-travail_1521390.html (14.02.2019).

- Vernier, Philippe: „Comment notre cerveau fait le tri utile et inutile pour nous permettre d'agir

et de penser" (28.08. 2015). In: *Atlantico*. (Auf
Französisch).
https://www.atlantico.fr/decryptage/2294697/
comment-notre-cerveau-fait-le-tri-entre-utile-et-
inutile-pour-nous-permettre-d-agir-et-de-penser-
philippe-vernier (14.02.2019).

- Vertanessian, Florence: „SOS concentration:
comment apprendre à reconstruire sa capacité
d'attention" (02.12.2013). In: *Atlantico*. (Auf
Französisch).
https://www.atlantico.fr/decryptage/914265/
sos-concentration--comment-apprendre-a-recon-
struire-sa-capacite-d-attention-florence-vertanes-
sian (14.02.2019).

- Walker, Linda: „Les signes et symptômes du TDAH
chez l'adulte". In: *TDAH Adulte*. (Auf Französisch).
https://tdahadulte.com/deficit-d-attenti-
on-adulte/symptomes-tdah-adulte/ (14.02.2019).

WEITERFÜHRENDE LITERATUR

- ADHS Infoportal
https://www.adhs.info/ (14.02.2019).

- Schnabel, Ulrich: „Den Affen zähmen."
(28.04.2011). In: *Zeit Online*.
https://www.zeit.de/2011/18/Aufmerksamkeit-
Laborbesuch (14.02.2019).

- Schnabel, Ulrich: „Das Wesentliche im Blick"
(28.04.2011). In: *Zeit Online*.

<u>https://www.zeit.de/2011/18/Aufmerksamkeit/</u>
<u>komplettansicht</u> (14.02.2019).

MEHR AUF 50MINUTEN.DE

- Aussant, Isabelle: *Effiziente Arbeitsorganisation. Tipps für mehr Produktivität und weniger Prokrastination.* Aus dem Französischen von Leonie Kremer. Plurilingua Publishing: Brüssel 2019.

- Martin, Nicolas: *Resilienz entwickeln. Methoden zum Meistern von schwierigen Situationen.* Aus dem Französischen von Leonie Kremer. Plurilingua Publishing: Brüssel 2019.

www.50Minuten.de

ISBN digitale Ausgabe: 9782808018104

ISBN gedruckte Ausgabe: 9782808018111

Pflichtexemplar: D/2019/12603/72

Cover: © Plurilingua

Digitale Aufbereitung: Primento, der digitale Partner der Herausgeber